前　言

　　中美两国分别提出推进地区战略的标志性方案——丝绸之路倡议，从表面上看，两大丝绸之路倡议在所针对的对象、目标、内容及措施等方面具有较大程度的相似性，不过就实质内容而言，中美两国正在通过经济手段构筑各自的地区战略优势。就两大倡议相互影响而言，美国新丝绸之路倡议正在与其主导的跨太平洋伙伴关系协定（TPP）对中国形成战略性的包围圈，而中国的丝绸之路倡议则更带有"突围"性质。

　　作为世界上两个超大经济体，中美两国分别提出了推进地区战略的代表性方案——丝绸之路倡议。美国"新丝绸之路"倡议由国务卿希拉里在 2011 年 7 月访问印度钦奈时推出，几乎与美国宣布从阿富汗撤军计划同步进行。而中国的丝绸之路倡议则由国家主席习近平分别于 2013 年 9 月和 10 月出访哈萨克斯坦和印度尼西亚时提出，一个是要建设陆上丝绸之路，即"丝绸之路经济带"，一个是要建设海上丝绸之路，即"21 世纪海上丝绸之路"（以下简称"一带一路"倡议）。作为大国影响地区环境的重要手段，两大丝绸之路倡议正在改写其所作用地区的发展方向，进而为中美两国分别构筑新的地区战略优势。

　　大国的地区战略是由战略目标或方向与维持和推进战略目标的手段共同构成的。本报告首先将对两国丝绸之路提出的进程加以描述，其次将基于现有的研究基础和官方发布的信息，对中美两国丝绸之路倡议的战略目标或方向、实施路径进行比较，以此明确大国的地区战略走向，再次将重点对美国丝绸之路倡议对中国的战略影响进行分析，最后将为中国"一带一路"的推进提供几点相关政策性参考建议。

目录

C o n t e n t s

第一章
中美丝绸之路倡议的缘起与走向比较

　　中美丝绸之路倡议是出自不同的地区战略考虑而推出的战略手段，美国丝绸之路倡议针对性强，集中在中亚、阿富汗和南亚地区，而中国的"一带一路"并无明确的地区目标。有评论指出美国"新丝绸之路"是一个局部性设想，而中国的丝绸之路计划则是要通过周边走出一条大国复兴而不冲突不对抗的新路。①

一　美国丝绸之路倡议的缘起、调整与走向

　　在推出 2011 年版的新丝绸之路倡议之前，美国曾在 1999 年和 2006 年分别推出过两个版本的"丝绸之路战略法案"（Silk Road Strategy Act of 1999 和 Silk Road Strategy Act of 2006）。② 如果借用阿富汗战争作为分界

---

① 干城：《"丝绸之路"战略的亚洲特征与全球价值》，《东方早报》2014 年 5 月 19 日第 A08 版"亚信上海峰会特别报道"。
② 曾向红：《遏制、整合与塑造：美国中亚政策的战略目标》，《俄罗斯研究》2013 年第 5 期。

点的话，则这三个版本分别对应的是不同时期美国对"大中亚"地区的战略思路，反映的是阿富汗战争前、阿富汗战争中及后阿富汗战争时期的美国"大中亚"地区战略设想。

1. 阿富汗战争前的美国丝绸之路倡议

1999 年的美国丝绸之路战略法案是阿富汗战争发生前美国对"大中亚"地区的战略设想。冷战结束后，中亚诸国的独立为美国实施新的地区战略提供了机会。直到阿富汗战争发生前，美国日益重视中亚地区或外高加索地区对美国所具有的战略价值。一篇学术文章较好地总结了这一时期美国在中亚地区所具有的五个方面的现实利益，即确保中亚诸国的独立地位和领土完整、监控伊朗、减少宗教极端主义的危害、防范北部高加索地区的不稳定和确保能源的获得，美国的目标是促使中亚地区民主化并融入全球经济中，不能让中亚地区沦为中国或伊朗的后院。[①]

借助中亚作为古代丝绸之路的中心地带这一历史优势，加上中亚拥有丰富的可满足南亚经济发展需要的资源，同时南亚发展也有利于促进中亚地区的发展，美国约翰·霍普金斯大学中亚高加索研究所所长弗雷德里克·斯塔尔（Frederick Starr）教授提出了要建立"丝绸之路"的战略设想。后来美国国会接受这一设想，并于 1999 年通过了旨在援助高加索和中亚地区的"丝绸之路战略法案"。2001 年"9·11"事件之后，阿富汗战争的打响使得上述构想不得不暂时中断，美国的中亚政策开始向

---

① Ariel Cohen, "Review Paving the Silk Road: US Interests in Central Asia and the Caucasus," *Harvard International Review*, Vol. 22, No. 1（WINTER/SPRING 2000）, pp. 70 – 74.

以服务阿富汗战争为目标的方向转变。

2. 阿富汗战争中的美国丝绸之路倡议

2006 年版的"丝绸之路战略法案"主要着眼于阿富汗战争之后的阿富汗重建工作,为此,美国做了学术、机构组织、政策设计等多方面的准备。

2005 年斯塔尔教授再次提出"新丝绸之路"构想,主张美国以阿富汗为中心,推动中亚、南亚在政治、安全、能源和交通等领域的合作,建立一个由亲美的、实行市场经济和世俗政治体制的国家组成的新地缘政治板块,[①] 将油气资源丰富的中亚、西亚与经济发展迅速的印度、东南亚连接起来,促进各国以及几大区域间的优势互补,推动包括阿富汗在内的地区国家的经济社会发展,服务于美国在该地区的战略利益。这一设想也称为"大中亚计划"。[②]

之后,美国国务院调整了部门机构设置,将原属欧洲局管理的中亚五国事务与南亚事务合并成立一个新机构,即中亚南亚局(Bureau of South and Central Asia Affairs),全面推动"大中亚"战略。[③]

美国参议院在 2006 年 5 月 4 日又通过《2006 年丝绸之路战略法案》。

---

① 徐鹤鸣:《透视美国的大中亚计划》,《国际问题研究》2007 年第 1 期。
② 2005 年斯塔尔教授在一份题为《阿富汗及其邻国的"大中亚伙伴计划"》的报告中,第一次把阿富汗与中亚五国作为一个整体称之为"大中亚"。参见 Frederick Starr, "A Partnership for Central Asia," *Foreign Affairs*, Vol. 84, No. 4, 2005。转引自高飞《中国的"西进"战略与中美俄中亚博弈》,《外交评论》2013 年第 5 期。
③ 曾向红:《重塑中亚地缘政治环境:2005 年以来美国中亚政策的调整》,《外交评论》2008 年第 3 期。

该法案表示："阿富汗从塔利班统治下解放，以及阿富汗在政治与经济领域所开启的开放过程，使得阿富汗重新融入中亚成为可能"，"鉴于阿富汗的稳定、繁荣与民主受到来自全球与地区层面的包括恐怖主义、政治—宗教极端主义以及毒品生产与走私的威胁，鉴于阿富汗的地理位置、文化及历史认同，理应承认阿富汗属于中亚国家之列，而不是将它从这些国家中分开"。① 此时的丝绸之路倡议已经将重点转向阿富汗重建工作。

3. 后阿富汗战争时期的美国丝绸之路倡议

按照美国官方的解释，② 2011 年推出的新版丝绸之路倡议，即"新丝绸之路"是以阿富汗为中心，构建联系中亚和南亚的国际经济和交通网络的长期愿景。该倡议建设的内容包括软件和硬件两个方面。软件建设是指贸易自由化、减少贸易壁垒、完善管理制度、简化过境程序、加快通关速度、克服官僚作风、消除贪污腐败、改善投资环境，等等。硬件建设则是指修建连接中亚、阿富汗和南亚的铁路、公路、电网、油气管道等基础设施。通过软件和硬件两方面的建设，目的是加快中亚地区、南亚地区和阿富汗的商品、服务、人员跨地区自由流动。在新丝绸之路具体建设过程中，美国奉行的是四管齐下的策略（a four-pronged strategy），即建设区域能源市场、促进中亚—阿富汗—南亚贸易和运输便利化、改善海关程序和边境手续、加强企业之间和个人之间的联系。尽管

---

① "The Senate and House of Representatives of the United States of America, Silk Road Strategy Act of 2006," May 4, 2006, http://www.theorator.com/bills109/s2749.html.

② 美国国务卿希拉里·克林顿在 2011 年 7 月访问印度钦奈时的演讲。

新丝绸之路以经济手段为主，促进地区一体化进程，但是丝绸之路倡议并不限于经济领域，同时也鼓励人文交流。

目前美国已经在该地区完成或正在进行的项目有多个，涉及的领域有贸易、能源、交通、人文交流等（见表1-1）。美国的新丝绸之路倡议虽然是在2011年提出的，其实早在多年前也存在过相关的计划，因而实际项目的建设和合作内容的推进早在多年前就已经开始，只不过在"新丝绸之路"提出后，过去的项目再次被纳入"新丝绸之路"框架内，如CASA-1000即如此。美国不仅自己为丝绸之路计划提供援助，也同时号召对象国、伙伴国、国际多边组织、国内外大企业参与其丝绸之路计划的建设。

表1-1　美国正在或已经完成的新丝绸之路项目

领域	参与国	内　容	出资方或参与资助方
电力	塔吉克斯坦、吉尔吉斯斯坦、阿富汗、巴基斯坦	四国已达成CASA-1000电力项目协议；2014年10月阿富汗和巴基斯坦签署CASA-1000的过境价格协议；预计2018年中完成	美国、世界银行、亚洲开发银行及参与国
	塔吉克斯坦、阿富汗	塔吉克斯坦桑土达水电站投入运营，向阿富汗送电	亚洲开发银行
能源及设备	土库曼斯坦、阿富汗、巴基斯坦、印度	2010年12月，四国签订兴建TAPI天然气管道框架协议，将土库曼斯坦天然气输往南亚	私人部门和国际捐款
	土库曼斯坦与印度、巴基斯坦	2012年5月TAPI管线项目中的土库曼斯坦与印度和巴基斯坦签署天然气供应合同	
	印度	2011年，印度公司宣布对乌兹别克斯坦的天然气输送设备等投资2000万美元，予以更新维修	

续表

领域	参与国	内　容	出资方或参与资助方
交通	乌兹别克斯坦、阿富汗	修建海拉通—马扎里沙里夫铁路	亚洲开发银行
	阿富汗、巴基斯坦	修建阿富汗—巴基斯坦铁路	
	阿富汗	完成阿富汗国内环路建设，有数千公里	美国援建
贸易投资协议	阿富汗、巴基斯坦	正式签署双边过境贸易协议（APTTA）	美国支持
	吉尔吉斯斯坦、塔吉克斯坦、阿富汗	三国跨境贸易协议	
	乌兹别克斯坦、阿富汗	双边贸易与过境协议	
	土库曼斯坦、阿富汗	双边贸易与过境协议	
	哈萨克斯坦、阿富汗	中亚各国、阿富汗加入 WTO	
	巴基斯坦、印度	巴基斯坦给印度提供最惠国待遇	
	美国、中亚国家	美国—中亚贸易和投资框架协议（TIFA）	
交通协议	吉尔吉斯斯坦、塔吉克斯坦、阿富汗	批准跨境交通协议	
	阿富汗	2013 年 9 月阿富汗决定重新加入《国际公路运输公约》	
人文交流	阿富汗等国	如资助阿富汗学生到中亚国家学习、赞助召开中亚—阿富汗妇女经济论坛和南亚妇女企业家精神研讨会	美国
综合	土耳其等多国	2011 年 11 月发起的伊斯坦布尔进程	

资料来源：美国国务院网站。

二　中国丝绸之路倡议的提出与走向

中国在过去也有关于丝绸之路的相关建议，但是真正提升到官方层面的就是 2013 年推出的两大丝绸之路倡议或"一带一路"倡议。丝绸之路倡议主要以"政策沟通、设施联通、贸易畅通、资金融通、民心相通"

为内容，目的是与沿线各国共同打造政治互信、经济融合、文化包容的利益共同体、责任共同体和命运共同体。①

尽管丝绸之路计划的推出并没有多长时间，但是目前中国已经从倡议提出步入到实施准备阶段。表1-2反映的是中国"一带一路"倡议从提出到具体实施的大致过程。自倡议提出之后，中国政府积极推进丝绸之路倡议的实施，已经发起设立了亚洲基础设施投资银行、丝路基金等，这些资金将主要用于周边国家的基础设施等硬件建设、软件建设以及人文交流。同时中国也号召对象国、国际伙伴以及国际社会资本向周边国家注资，以加快东南亚、中亚和南亚地区的经济发展步伐。如2014年在北京召开APEC峰会期间，中国邀请老挝、缅甸、柬埔寨、塔吉克斯坦、孟加拉、巴基斯坦、蒙古等国家参加加强互联互通伙伴关系对话会。2014年上海合作组织峰会期间，国家领导人也发出邀请期待上海合作组织成员积极参与中国的"丝绸之路经济带"建设。也正是在中国的推动下，上海合作组织于2014年完成多项协议的推进工作。

表1-2　中国"一带一路"倡议的推进

时　间	场所或会议	内　容
2013年9月和10月	习近平出访哈萨克斯坦和印度尼西亚时提出的	"一带一路"倡议
2014年5月21日	习近平在亚信峰会上做主旨发言	中国将同各国一道，加快推进"丝绸之路经济带"和"21世纪海上丝绸之路"建设，尽早启动亚洲基础设施投资银行，更加深入参与区域合作进程，推动亚洲发展和安全相互促进、相得益彰

① 2015年2月1日在北京召开的"推进'一带一路'建设"工作会议。

续表

时　间	场所或会议	内　容
2014 年 10 月 24 日	北京	包括中国、印度、新加坡等在内的 21 个首批意向创始成员国的财长和授权代表正式签署《筹建亚投行备忘录》，共同决定成立亚洲基础设施投资银行
2014 年 11 月 4 日	中央财经领导小组第八次会议	提出加快推进"丝绸之路经济带"和"21 世纪海上丝绸之路"建设，对"一带一路"建设规划了顶层设计
2014 年 11 月 8 日	加强互联互通伙伴关系对话会	习近平指出共同建设"丝绸之路经济带"和"21 世纪海上丝绸之路"与互联互通相融相近、相辅相成；习近平宣布出资 400 亿美元设立丝路基金
2014 年 12 月 5 日	中央政治局会议	提出要优化经济发展空间格局，继续实施区域总体发展战略，推进"一带一路"、京津冀协同发展、长江经济带建设
2014 年 12 月 9 日至 11 日	中央经济工作会议	要重点实施"一带一路"、京津冀协同发展、长江经济带三大战略，争取明年有个良好开局
2015 年 2 月 1 日	"一带一路"建设工作会议	安排部署 2015 年及今后一段时期推进"一带一路"建设的重大事项和重点工作
2015 年 3 月 5 日	两会	政府工作报告提出，把"一带一路"建设与区域开发开放结合起来，加强新亚欧大陆桥、陆海口岸支点建设

资料来源：新华网。

当然，中国提出的"五通"领域不限于经济方面，也包含人文交流，合作方式不限于市场开放、规则一致化，也包含大规模的项目建设等。有评论指出，在"五通"之中，非经济范畴的加入表明"丝绸之路经济带"所追求的不仅仅是经济利益，而是综合性的目标，意在形成区域内经济、政治和人文的密切联系。① 表 1 - 3 展示了 2014 年中国为推进"一

---

① 赵华胜：《"丝绸之路经济带"的关注点及切入点》，《新疆师范大学学报》（哲学社会科学版）2014 年第 3 期。

带一路"建设所进行的主要项目和规划。

表1-3　2014年中国同周边国家和地区组织推进的主要合作领域或项目

周边国家或地区	合作领域或项目
阿富汗	推动埃娜克铜矿项目和阿姆河盆地油田项目取得实质性进展；2014年中国政府向阿方提供5亿元人民币无偿援助；2015年至2017年，中方将向阿富汗提供总额15亿元人民币的无偿援助；未来5年将为阿富汗培训3000名各领域专业人员
塔吉克斯坦	中塔公路一期全线贯通；杜尚别2号热电厂一期工程第一台机组并网发电；中塔矿业冶炼工业园启动建设；中国—中亚天然气管道D线塔吉克斯坦境内段建设和杜尚别2号热电厂二期即将开工
乌兹别克斯坦	重点建设和运营好中国—中亚天然气管道D线；积极推进中国—吉尔吉斯斯坦—乌兹别克斯坦铁路项目
土库曼斯坦	确保中国—中亚天然气管道建设和运营，做好复兴气田二期产能建设
吉尔吉斯斯坦	制订两国未来10年合作规划，共同推进"丝绸之路经济带"倡议下双边合作
马尔代夫	中马加强海洋事务、基础设施建设、旅游和民生领域合作
斯里兰卡	中斯启动双边自贸谈判，重点推进科伦坡港口城、临港工业园开发建设
印度	中印积极研究推进孟中印缅经济走廊建设，改造升级印度铁路，兴建产业园区
东盟	进一步提出协力规划中国—东盟关系发展大战略等新建议；启动中国—东盟自贸区升级版谈判；商谈中国—东盟国家签署睦邻友好合作条约事宜；推动"区域全面经济伙伴关系协定"进入实质性磋商阶段
上海合作组织	9月通过《关于加强金融合作、促进区域发展措施计划》和签署《国际道路运输便利化协定》；12月着手制订《2017～2021年进一步推动项目合作的措施清单》，以及签署海关方面的执法文件；落实过去签署的《文化合作协定》《教育合作协定》，尽快完成2013年签署的《科技合作协定》生效程序

资料来源：中国外交部网站。

第二章
中美丝绸之路倡议的战略性质与战略方向比较

中美丝绸之路是具有不同性质的战略方案，美国丝绸之路倡议具有"外生性"，而中国丝绸之路倡议更具有"内生性"，是两国基于不同的战略利益而推出的战略手段。

一　对中美丝绸之路倡议比较的文献讨论

目前对中美两国丝绸之路倡议进行比较的文献还不是很多。一些文献表明，两国丝绸之路倡议表面上具有一定的相似性，实则存在较大的差距。如赵华胜将美国的"新丝绸之路"倡议和中国的"丝绸之路经济带"进行比对之后认为，虽然两国丝绸之路倡议在地域上以及经济手段的使用等方面都具有一定的相似性，如都致力于中亚地区的互联互通，[①] 不过，两国

---

① 赵华胜：《中美在"新丝绸之路"上有一定合作可能和空间》，《东方早报》2014 年 5 月 6 日第 005 版。

丝绸之路倡议所具有的实质性差异多于表面上的相似性，如在作用的地理方向、目标和功能定位及倡议的发展成熟程度等方面反映出大国对世界传统的经济、思想和文化中心地带①——中亚、阿富汗、南亚地区的争夺。② 也有的通过对比中美丝绸之路计划，得出中国在资金支持、地区认可度、合作方式和基础、战略成果方面要比美国更具有优势。③ 李新则认为与美、欧、俄主导的"丝绸之路"计划或构想相比，中国的"一带一路"更具开放性和包容性。④ 甘均先⑤将中美印丝绸之路战略进行了比较，认为美国的丝绸之路战略是其全球战略的一部分，反映的是美国的南亚、中亚的地区战略走向，而中国和印度的丝绸之路更侧重于经济功能，并对三国的丝绸之路的竞争与合作展开了分析。其他一些文献在做中国丝绸之路倡议研究时也做了部分比较研究。总体来看，除少数研究外，目前的文献研究多停留在"文本"的直接对比上，主要是从两国倡议出台的背景、实施对象、官方宣示的目标、相关内容以及进展等角度进行的。

表面上看，中美丝绸之路倡议在近期所针对的地区、目标、内容、

---

① 美国国务院副秘书长伯恩评论道，南亚和中亚在历史上是作为欧洲、东亚和中东之间贸易路线连接的交汇处，是全球商品、思想和文化的交流中心。参见 William J. Burns，"Expanding Economic Connectivity in Greater Central Asia," September 23，2014，http：//www. state. gov/s/d/former/burns/remarks/2014/232035. htm。

② 赵华胜：《浅评中俄美三大战略在中亚的共处》，《国际观察》2014 年第 1 期。

③ 张晓通：《中美"丝绸之路"战略比较》，《中国产经新闻》2014 年 10 月 21 日。

④ 李新：《"丝绸之路经济带"构想的背景、潜在挑战和未来走势》（要文特约之一），《欧亚经济》2014 年第 4 期。

⑤ 已有作者指出美国"重返东亚战略"和"新丝路战略"合在一起，从两个不同的方向构成了对中国的战略围堵。参见甘均先《中美印围绕新丝绸之路的竞争与合作分析》，《东北亚论坛》2015 年第 1 期。

措施等方面具有较大程度的相似性，不过，由于中美两国在近期对地区发展的战略设想不同、要解决的问题不同以及各自解决问题的优势存在的差异，等等，因此两国的战略方向和实施的路径自然存在较大的差异。有的研究已指出，中美丝绸之路倡议在地缘政治和地缘经济上南辕北辙。[①]

二　中美丝绸之路倡议的战略方向比较

目前对美国新丝绸之路的战略目标分析基本上沿用了美国官方对新丝绸之路愿景的陈述。前文已述，美国新丝绸之路计划是以阿富汗为中心所推进的地区一体化进程，再加上美国之前的两个版本，故而人们很容易把 2011 年版的新丝绸之路倡议看作前两个版本的延续。其实不然。2011 年版的新丝绸之路倡议虽然沿用了"丝绸之路"的名称，但是实际上已经对 1999 年版和 2006 年版有了较大的调整，是美国对中亚、阿富汗和南亚（这里统称为"大中亚"）地区战略思路变化的反映。

将区内分散的国家整合起来，形成地区性的自我增长与繁荣是美国一种新的地区战略思路。尽管新丝绸之路倡议在表面上仍以阿富汗为中心，试图推进"大中亚"的一体化建设，以促进整个地区的经济增长与繁荣，但是美国 2011 年版的新丝绸之路倡议已经突破了 1999 年版的以中亚为中心、2006 年版的以阿富汗为中心的思路，而是在考虑地区格局变动的背景下，转向以印度为中心的"大中亚"（实际上应该称为"大南亚"）地区整

① 赵华胜：《中美在"新丝绸之路"上有一定合作可能和空间》，《东方早报》2014 年 5 月 6 日第 005 版。

合上来。① 美国在这一过程中扮演的是牵头者和推动者的角色，本身并不想为项目过多注资，而是希望地区国家承担起更大的责任，鼓励多边开发银行、国外投资者、地方政府、私人部门等积极投资。难怪有的研究评论道，美国主要是从外部推动当地国家来实现新丝绸之路计划。②

如果说美国的新丝绸之路计划要解决的不是自身的问题，而是美国重点关注的战略区域的经济发展问题的话，中国的丝绸之路计划则关注的是自身与周边国家共同增长的问题，体现的是对自身与周边国家未来发展的思考。

就陆上丝绸之路而言，我们要解决的是中国中西部及其紧邻周边国家如何实现工业化的问题，或者说如何将这部分地区带入全球工业化进程之中的问题。这些地区的共同特点是资源较丰富，但是在经济发展过程中依靠资源实现经济的可持续增长，最终成为民众富裕、国家繁荣的国家在世界上还不多见。因而这类地区需要有新的增长模式。目前中亚部分国家已经开始向资源深加工方向发展，试图通过创造更多的附加价值来完成经济发展水平的跃升，③ 当然部分不具有丰富资源的中亚国家也在利用自身的其他优势通过扩大合作来完成经济转型的任务。

---

① 一般的看法认为美国新丝绸之路是以阿富汗为中心，参见德全英、江淑娟《美国大中亚安全战略规划评析》，《俄罗斯东欧中亚研究》2013 年第 1 期。

② 赵华胜：《浅评中俄美三大战略在中亚的共处》，《国际观察》2014 年第 1 期。

③ 在"第一个五年计划"结束之际，为进一步推动本国工业化进程和大力发展创新型加工业，哈萨克斯坦制定了《工业创新发展国家纲要 2015～2019》，最终目标是提高本国工业制造业的竞争力，推动实现经济结构多元化，保障经济可持续稳定增长。乌兹别克斯坦拟通过 2015～2019 年近期及长期发展纲要，调整经济结构，引导主要工业领域向现代化和多元化方向发展。参见中国商务部网站。

　　海上丝绸之路要解决的问题是中国在发展自身的同时如何带动周边国家的发展。例如，很长一段时间以来，东盟国家认为中国—东盟自贸区签署之后，中国获得的好处更多。以贸易平衡为例，2004～2014年中国对东盟的贸易平衡状况已经从逆差（2004年为－201亿美元）转为顺差（2014年为635亿美元），且有逐步扩大趋势等。如今东盟国家也需要产业升级，一些后起国如泰国、越南、菲律宾也要实现经济转型，而中国能够给东盟提供的机会不是很多，至今中国从东盟进口的最终消费品规模仍然很小，甚至不及美国的1/3（见图2－1）。目前东盟部分国家主动加入TPP不能不说是对中国单边谋求增长方式的一种回应，因而未来中国要走出周边，构筑全球性伙伴关系网络,① 成为真正的世界性大国，首先需要的是改变过去单边发展的思路，转而谋求互利共赢、共同发展

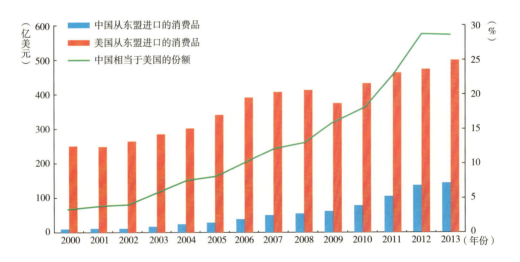

图 2－1　中国从东盟进口的消费品相当于美国的份额

资料来源：联合国贸易数据库。

---

① 截至目前，我国已同67个国家、5个地区或区域组织建立了72对不同形式、不同程度的伙伴关系，基本覆盖了世界上的主要国家和重要地区。王毅：《构建全球伙伴关系网络是中国外交的一个特色》，外交部网站，2014年12月24日。

的双边思路。王毅在总结 2014 年中国特色外交时说道，自十八大以来，党中央大力推进外交理论实践创新，提出建立以合作共赢为核心的新型国际关系，就是把合作共赢理念体现到政治、经济、安全、文化等对外合作的方方面面。①

三 中美丝绸之路倡议的战略性质比较

中美丝绸之路计划表面上类似，实则具有不同的战略性质。美国试图借助印度力量，完成中亚、阿富汗和南亚的整合任务，形成一个相对独立的、南北走向的、经济联系密切的世界又一经济增长的中心地带，最终实现中亚、阿富汗和南亚诸国经济的共同发展，进而在保障该地区长治久安的同时，也能够对中国、俄罗斯等大国形成较强的战略遏制，因而美国的丝绸之路计划更具有外生性质。而中国的丝绸之路计划更带有内生性质，以中亚、南亚和东南亚为近期重点合作对象，② 以更为开放式的理念，通过经济手段解决中国与周边国家经济均衡增长的问题，最终实现中国与周边国家的共同发展。③

---

① 王毅：《2014：中国特色大国外交风生水起》，外交部网站，2014 年 12 月 31 日。
② 有人认为"21 世纪海上丝绸之路"是中国对外贸易关系网络，是"全球贸易网"，中国不仅要建立与东南亚、南亚、西亚和东非的联系，而且还包括与大洋洲、北美洲和拉丁美洲的联系。参见陈万灵、何传添《海上丝绸之路的各方博弈及其经贸定位》，《改革》2014 年第 3 期。
③ 中国国家领导人多次提出要实现与周边国家共同发展的目标。例如，较近的一次是 2014 年 9 月 12 日，国家主席习近平在塔吉克斯坦首都杜尚别举行的上海合作组织成员国元首理事会第十四次会议上发表题为《凝心聚力　精诚协作　推动上海合作组织再上新台阶》的重要讲话中谈到的。

美国对"大中亚"地区的经济增长是一种辅助性的支持，本身并不参与大中亚地区的经济增长过程，因而是作为地区经济增长的"外生变量"存在的。其原因很简单。首先是美国和"大中亚"地区处于不同的经济增长阶段，美国是一个高度发达的工业化国家，而"大中亚"地区尚处于工业化的起步阶段，美国难以直接参与到"大中亚"地区经济增长的过程中。其次，美国的经济实力已经不比当初支持东亚经济发展时的经济实力，特别是面对南亚众多的人口，美国难以从根本上将上述人口带到现代化的经济轨道上。再次，美国对"大中亚"国家经济增长的支持只是其地缘战略的一部分，同时美国还要维持地区的安全局势，这就限定了美国对该地区经济增长的直接投入。因此，迄今为止，美国实际上对中亚、阿富汗和南亚地区的经济"帮助"是有限的，更多的是起召集人的作用，即号召国际上各种可资利用的资源辅助"大中亚"经济发展，使"大中亚"地区逐渐具备自我增长的能力。

中国的"一带一路"倡议已经把中国自身看作地区经济增长的一部分，是国内经济增长体系发展到一定阶段要向外延伸的自然结果，是新时期中国面临新的内外矛盾而进行的一种自我主动调整。① 经过 30 多年的改革开放，今天的中国在经济实力提升之后面临的新问题是，下一步经济发展所面临的国际空间有趋小之势，不仅有周边国家对中国发展的不适

---

① 有的研究实际上已经表明中国丝绸之路计划所具有的内生特征。如郭爱君等认为中国"丝绸之路经济带"是新时期中国对外开放的新举措，也是亚欧区域经济一体化和世界经济全球化的新要求，并提出要从经济带、国家和节点三个层面为"丝绸之路经济带"的建设提供产业基础，使之成为世界经济增长的新引擎。参见郭爱君、毛锦凰《丝绸之路经济带：优势产业空间差异与产业空间布局战略研究》，《兰州大学学报》（社会科学版）2014 年第 1 期。

应和不认同，① 也包含大国对中国的战略性不合作，② 同时中国自身传统的经济结构也亟待调整，需要向新的经济增长模式转换。③ 这种设想还体现在中国丝绸之路倡议对地域的非限定上。美国的丝绸之路计划主要针对中亚、阿富汗和南亚地区，而中国的丝绸之路计划没有明确的实施对象，只不过把周边国家如中亚、南亚、东南亚看作中国近期的重要合作对象。④ 可以说，未来中国经济增长延伸到哪里，"一带一路"就会延伸到哪里。外交部长王毅指出："就我国自身而言，这一构想与我国加快中西部开发、解决区域不平衡问题的发展战略密切相关，与我国推进'走出去'战略、构建全方位对外合作格局密切相关。就国际层面而言，我们提出'一带一路'，出发点是希望实现沿线各国的共同发展和共同繁荣，秉持的是构建命运共同体的精神理念，强调的是共商、共建、共享的平等互利方式。"⑤

---

① 这种担心是存在的。在丝绸之路倡议提出之后，各国反应不一，如印度就采取谨慎态度，而即使像哈萨克斯坦，也有部分人担心与中国开展合作更有利于中国而不是哈萨克斯坦。参见许娟、卫灵《印度对 21 世纪"海上丝绸之路"倡议的认知》，《南亚研究季刊》2014 年第 3 期；周明：《地缘政治想象与获益动机——哈萨克斯坦参与丝绸之路经济带构建评估》，《外交评论》2014 年第 3 期。

② 如中日"钓鱼岛"争端。

③ 李建民认为"丝绸之路经济带"倡议充分兼顾了国际、国内两方面的战略需求。参见李建民《"丝绸之路经济带"构想的背景、潜在挑战和未来走势》（特约要文之一），《欧亚经济》2014 年第 4 期。

④ 王毅表示，中亚和南亚位于亚欧大陆核心地带，是我国发展稳定的安全屏障，也是我国向西开放的进取方向。四国是共建"丝绸之路经济带"和"21 世纪海上丝绸之路"的重要支点。参见《复兴丝绸之路　共建和谐周边——外交部长王毅谈习近平主席出席上海合作组织杜尚别峰会并访问塔吉克斯坦、马尔代夫、斯里兰卡、印度》，外交部网站，2014 年 9 月 20 日。

⑤ 王毅：《2014：中国特色大国外交风生水起》，外交部网站，2014 年 12 月 31 日。

第三章
中美丝绸之路倡议的战略手段比较

中美丝绸之路计划在实施手段上，中美两国均在利用各自优势形成对地区经济发展与社会稳定的支持；就具体路径而言，美国偏于解决上述地区经济增长中需求方面的问题或市场问题，而中国则偏于直接改善当地的经济增长条件，属于供给方面。

一 美国丝绸之路倡议的实施路径

相比于东亚地区，美国对"大中亚"地区的支持方式是将"大中亚"地区各国捆绑在一起，协助它们做好内部的市场一体化工作，挖掘内部的市场潜力，同时促进它们发展，而美国市场则起到辅助性的支持作用。二战后，美国对世界发展中国家或地区的支持是以提供本国市场为主，即通过满足对象国经济增长所需要的市场需求条件来促进当地经济发展的。今天对"大中亚"地区的支持也不例外。如果有所区别的话，美国将难以起到像当初对东亚经济发展所起的那样的主导性作用。

　　具体来说，美国推进丝绸之路倡议的主要手段有：一是提供部分资金。美国丝绸之路倡议涉及的软硬件建设和四大领域构成对"大中亚"近期、中期发展的整个框架。而框架的落实则需要资金来进行。为此，美国在颁布丝绸之路计划之后，开始向国际社会推销。除美国为"大中亚"地区提供多项援助（见图3-1）外，目前丝绸之路计划已经获得世界银行、亚洲开发银行等多家国际机构的资金相助，美国也鼓励国内企业和其他国家参与，如美国并不限制中国等参与"大中亚"项目的建设。另外，美国还借助中亚区域经济合作组织（CAREC）、阿富汗区域经济合作会议（RECCA）以及伊斯坦布尔进程（Istanbul Process）实施新丝绸之路倡议，帮助消除阿富汗与巴基斯坦和中亚国家之间的贸易障碍，推动公路铁路等交通项目建设。

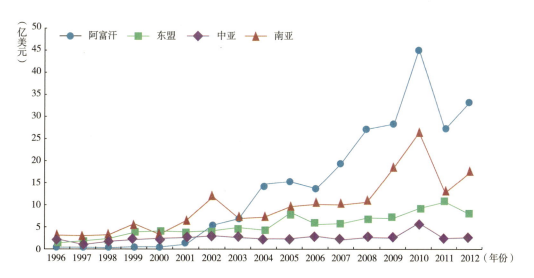

图 3-1　美国对中亚、南亚、阿富汗、东盟地区的经济援助

资料来源：US Overseas Loans & Grants［Greenbook］，http：//gbk.eads.usaidallnet.gov/。

　　二是打通内部不利于贸易、交通等方面的隔阂，促进南亚、中亚国家之间的一体化建设。目前美国已经鼓励中亚国家加入世界贸易组织，同时在大中亚地区国家之间签署贸易投资协议，美国也同时向它们提供普惠制和贸易投资框架。目前，在这方面已经取得一定的进展。按照美国估计，经过努力，在阿富汗7个边境贸易口岸的海关程序效率已经大为提高，从2009年平均8天的通关时间缩减为2013年的3.5个小时，每年节约3800万美元。①

在打通中亚、南亚之间的贸易规则通道的同时，美国促使国际社会汇集资金促进中亚、南亚国家之间的基础设施建设，加快互联互通进程，以确保中亚、南亚国家不因基础设施匮乏而缺乏沟通经济的渠道。

三是提供人力资源培训。目前美国通过各种路径为"大中亚"国家提供人力资源培训机会，特别是对妇女参与经济建设的作用比较重视。

四是提供市场。庞大的国内进口市场优势是美国支配、主导世界的主要力量。尽管美国经济实力在逐步下降，但是从美国、中国、俄罗斯从中亚、南亚进口的最终消费品规模中可以看出，美国从南亚进口以消费品为主，相反中国则以中间产品为主，美国仍然是世界上购买南亚和中亚消费品的最大市场（见图3-2）。

五是维持地区安全秩序。2012年5月，阿美签署《持久战略伙伴关系协议》，对2014年后美在阿政治、经济、安全等领域合作做出规划。随着2015年的到来，美国在完成2014年底阿富汗战争的撤兵任务之后，继续承担"大中亚"地区安全的维持工作。

① "U. S. Support for the New Silk Road," http：//www. state. gov/p/sca/ci/af/new-silkroad/.

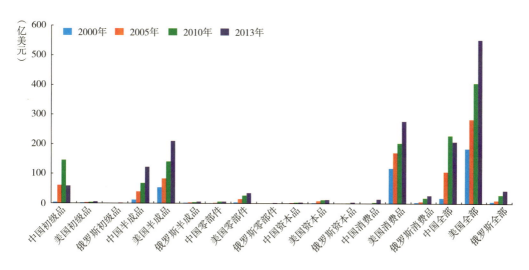

图 3－2　中国、美国、俄罗斯从南亚进口

资料来源：联合国贸易数据库。

二　中国丝绸之路倡议的实施路径

中国的丝绸之路计划则是重点从供给角度来改善当地经济增长的基础条件，从而促进当地经济进入增长的轨道。

通过向境外国家提供项目，重点解决基础设施短缺来直接弥补经济增长的瓶颈是中国支持地区经济增长的主要做法。中国领导人多次向外界推介中国所拥有的较强的项目建设实力。李克强总理曾谈及，"中国基础设施建设经验丰富，装备制造能力强，产品性价比高，愿与成员国加强在冶金、建材、交通、电力、电信、汽车组装和食品加工等方面合作，实现优势互补、互利共赢"。① 自"一带一路"倡议推出之后，中国对地区发展的援助力度是地区国家中最大的。包括亚洲基础设施投资银行、

---

① 李克强 2014 年 12 月 16 日在上海合作组织成员国政府首脑理事会第十三次会议上的讲话。

丝路基金、中国—欧亚经济合作基金的投入以及中国向周边国家提供的各类贷款等，总计达上千亿美元。

当然，中国并不限于提供基础设施硬件项目的建设，提供软件环境建设和人文交流项目，以便从多方面弥补中亚、南亚和东南亚地区的建设瓶颈是中国支持地区经济增长的另一做法。例如，中国计划在未来几年向周边国家提供公共政策、政府管理等方面的交流经验，如 2015~2017 年，中国将为上海合作组织成员国提供 2000 名官员、管理人员、技术人才培训名额，未来 5 年内每年邀请 50 名上海合作组织国家青年领导人来华研修。中国也将依托中国—上海合作组织国际司法交流合作培训基地，协助成员国培训司法人才。

如果说弥补基础设施和进行软件人文环境建设是中国政府为当地提供的公共产品的话，那么未来中国企业也将通过大规模的产能转移，向周边国家提供产业发展的机会，直接促进当地的经济增长和就业水平的提高，这也是与美国丝绸之路倡议建设不同的地方。根据商务部对外直接投资统计，较以往来说，2013 年中国对外直接投资的行业情况发生了重大调整，对采矿等资源投资同比下降了 4.1%，在全部投入中仅占 18.8%，而具有较强就业带动功能的服务业对外投资增长最快，增速为 27.1%，占全部对外投资的比重达 64.6%。中国正在加大对这些地区的投资力度，正在追赶美国等大国对该地区的投资力度（见图 3-3）。根据商务部统计，2014 年我国对外直接投资首次突破千亿美元，达到 1029 亿美元，与同期中国吸引外资规模相比仅差 35.6 亿美元，这也是我国双向投资按现有统计口径计算首次接近平衡。截至 2014 年底，中国累计非金融类对外直接投资 6463 亿美元。根据美国商会 2014 年 4 月的一份报告，2013 年，中国对美

图 3 - 3　近期中国、美国对中亚和南亚投资存量

资料来源：美国 BEA 和中国商务部网站。

投资额已首次超过了美对华投资额。①

　　总之，作为地区经济发展的内生变量，中国重在打通自身与周边国家之间、周边国家彼此之间的经济增长通道，最终形成中国与周边国家共同增长的经济体系。

三　对中美丝绸之路倡议的预期效果评估

　　要判断中美两个丝绸之路计划所能达到的预期效果需要从现有的客观条件出发。在没有较大的世界格局变化的背景下，未来中美两国的地区战略优势的实现程度将取决于两个倡议实施的有效性。由于中美丝绸之路倡议实施涉及多个领域，如安全、经济、人文交流等，这里仅对可能的经济预期效果做几点评价。

　　尽管中美两个丝绸之路倡议都契合了中亚、东南亚、南亚国家的未

---

　　①　刘洪：《2014：中国对外投资转折年》，《经济参考报》2014 年 8 月 15 日。

来发展战略，但是如果从丝绸之路倡议的性质以及客观条件来看，中国丝绸之路倡议成功的可能性更大。正如前文所述，中国丝绸之路计划是国内经济增长向外自然延伸的结果，也是中国自觉调整自身与周边国家关系的结果。这种内生型战略计划往往具有较强的推行力和周边国家较大的支持力度。孙云等通过比较中美有关丝绸之路计划新闻报道的内容也证实了上述看法：中国丝绸之路经济带建设重心是在经济和与民生密切相关的道路、旅游等方面，由于该计划同时也涉及自身发展，国内地方政府和企业都有着积极的参与热情，而美国的新丝绸之路战略重心是在外交，由于该计划与国内发展基本上没有太密切的相关性，因而国内地方政府和企业等主体参与度较低，甚至缺乏相应的热情。[①] 目前中国经济实力的快速增长，为丝绸之路倡议的实施奠定了雄厚的物质基础，这已为国内外各界所认识，中国已经成为该地区多个国家的贸易伙伴大国，甚至超过这些地区同俄罗斯传统上的经济联系。从地缘经济的角度说，"一带一路"也占有相对更有利的地位。[②] 不过，目前中国仍不具备较强的向周边国家提供市场的能力，故而难以利用进口能力直接拉动周边国家的经济增长。这也是中国与美国的不同之处。

美国的优势是其庞大的经济规模，特别是胜过中国的消费品进口能力，这是中国暂不具备的条件。另外，美国在南亚等地区的投资基础也要优于中国，同时美国能够获得的其他国际力量的支持也领先于中国，而且美国同南亚地区，特别是印度的政治、经济关系也优于中国。不过，

① 孙云、李俊叶、赵高斌：《中美丝绸之路战略发展现状比较——结合中美丝路战略新闻差异探讨》，《新闻知识》2014 年第 11 期。
② 赵华胜：《浅评中俄美三大战略在中亚的共处》，《国际观察》2014 年第 1 期。

目前美国设计的模式，即依托印度来解决中亚、南亚国家面临的不同经济增长的问题，至少近期和中期还难以实现。印度是尚待崛起的大国，本身尚需要深化国内改革，逐步放开国内市场，才能对中亚、南亚国家形成有力的支持基础。目前印度正在加快国内开放步伐，同时也在强化同中亚和南亚的经济关系，对于美国提出的新丝绸之路倡议，印度在从各方面进行积极支持。但是，印度仍需要一段时日才能完成类似中国的崛起进程。至少从目前来看，印度尚不具有带动南亚、中亚、阿富汗的经济增长与一体化进程的能力。另外，如果不改变中亚国家的发展模式，那么中亚国家可以将资源输往印度，也可以输往其他地区，如中国，目前中亚的油气资源向中国输送已经是现实了。

从中美丝绸之路计划所要解决的地区现实问题来看，中美丝绸之路计划都是非常庞大的经济计划，均非短期内能一蹴而就的。大体而言，美国在"大中亚"地区所具有的"存量"优势优于中国，但就"增量"优势而言，却弱于中国，特别是中国把与地区的共同发展看作自己的核心利益，美国却并非如此。

不过，需要注意的几点是：第一，不应以短期内计划的实施情况来评价成功与失败。[1] 美国副国务卿伯恩曾把中亚的发展与多年前的东南亚做过比较，认为东南亚能够做到的事情，中南亚国家也可以做到。[2] 这暗

---

[1] 目前国内的一些研究认为美国新丝绸之路计划并不顺利，前景也不容乐观。参见邵育群《美国"新丝绸之路"计划评估》，《南亚研究》2014年第2期；韩隽、郭沅鑫《"新丝绸之路愿景"——"大中亚计划"的2011版?》，《新疆大学学报》（哲学·人文社会科学版）2012年第5期。

[2] 赵华胜：《美国新丝绸之路战略探析》，《新疆师范大学学报》（哲学社会科学版）2012年第6期。

含着"大中亚"地区的发展不可能是短期内一蹴而就的。第二，不管哪个国家的丝绸之路计划均是对该地区经济增长的一种支持，均应以积极的态度来对待。第三，可以将"大中亚"地区看作大国实现新型合作关系的平台。毕竟"大中亚"地区汇集了世界多个不同类型的大国，可以成为大国间和平相处的实践场所。

第四章
美国丝绸之路倡议对中国的潜在挑战

中国在 2008 年全球金融危机之后的迅速崛起使得美国加紧实施对中国的战略包围。中亚、南亚都是美国经济渗透不足的地区，中国经济实力的增强加上地缘政治的因素使得美国更加担心中国对中亚、南亚等地区的经济扩张，这促使美国一方面加强与中国有密切贸易关系的东亚经济体的合作，通过 TPP 来削弱中国对东亚地区的影响，[①] 另一方面则以印度为中心，加快南亚、阿富汗和中亚的整合步伐。美国试图借助丝绸之路倡议从中国的西面、西南面对中国形成战略性半包围，[②] 并与美国主导的 TPP 从中国的东面、东南面形成的战略性半包围，[③] 共同构成对中

---

① 王玉主:《谋求区域间互利共赢》,《财经国家周刊》2013 年 4 月 2 日。

② 杨雷认为新丝绸之路就是要实现对中国的陆上包抄，削弱中国在中亚的经济影响力，进而削弱中国在欧亚大陆的优势。杨雷:《美国"新丝绸之路"计划的实施目标及其国际影响》,《新疆社会科学》2012 年第 5 期。

③ 李向阳:《跨太平洋伙伴关系协定：中国崛起过程中的重大挑战》,《国际经济评论》2012 年第 2 期。

国的战略性包围体系。[①]

一　美国对东亚国家的扶持与 TPP

美国对东亚的经济扶持始于二战之后，主要的支持方式是通过逐个向东亚国家提供充足的市场需求来促进东亚国家的经济增长，或者说，在一定程度上美国的市场需求在东亚经济增长中起了决定性的作用。

东亚多数国家属于劳动力资源丰富但自然资源贫乏的地区，这种共同的特性使得东亚在二战以后采取了大体相同的发展战略，即出口导向型发展模式。限于东亚各国的经济发展水平，该模式严重依赖外部市场，特别是发达国家的市场，因而东亚的发展主要依靠的是欧美市场，通过向欧美出口劳动密集型产品，带动经济增长。不过由于欧美市场的有限性，因而东亚国家不可能同时起步、同步发展。尽管东亚国家的劳动力成本往往成为经济发展的关键因素，但是这一关键因素发挥作用的前提是该国是否能够迅速采取开放型发展战略，以有利于劳动力要素的比较优势在国际市场上起到作用。这也是我们看到，不仅东亚各国而且各国内部产业发展都呈现出一种阶段性的特征。

不过对东亚地区众多国家的经济发展而言，美国并非采取普遍支持的原则，而是在众多的东亚国家中有选择性的支持，其选择的标准为是否与美国具有双边军事同盟关系或地缘战略价值，以及东亚国家自身能

---

① 已有作者指出美国"重返东亚战略"和"新丝路战略"合在一起，从两个不同的方向构成了对中国的战略围堵。参见甘均先《中美印围绕新丝绸之路的竞争与合作分析》，《东北亚论坛》2015 年第 1 期。

否建立适应国际规则体系的开放体制。也就是说，谁先采取对外开放战略，或者谁最先适应国际规则体系，谁就优先获得经济发展的机会。①美国在向东亚国家提供市场的时候也是有优先次序的，即那些同美国有双边同盟关系的国家往往最先获得进入美国的市场，这包括美国向它们提供普惠制、签署双边贸易投资框架等。中国也不例外。自改革开放以后，特别是1992年之后，中国通过吸引大量外资已经在东亚构建了一个完整的生产链，即中国从日本、亚洲"四小龙"和东盟进口原材料、半成品，再向欧美国家出口制成品。中国在这一过程中也逐渐向国际体制靠近，以使国内生产更好地适应国际规则，满足美国等发达国家对中国提出的经济要求，获取一定的外部利益。不过，鉴于中国一直未能与美国建立双边同盟关系，因而，中国也一直未能享有美国向东亚其他国家提供的普惠制和贸易投资框架等进入美国市场的优惠条件。

另一方面，美国却一直不是特别支持东亚地区做好自身的市场整合进程，"10＋3"就是一个明证。20世纪90年代初马来西亚曾提出要建立东亚集团，被美国反对而不了了之，日本曾提出要建立亚洲货币基金也被美国反对而不了了之，中国倡议的"10＋3"机制目前也难以同地区内其他合作机制的活跃程度相比。

为进一步缩减中国的战略空间，包含有"去中国化"意图的TPP成为美国目前制衡中国的重要手段。②美国的应对思路是人为制造"制度远离"，进而达到"经济关系"的远离。随着中国经济实力的逐渐提升，

① 〔俄〕别洛孔：《经济的开放性与经济进步——日本及亚洲新兴工业化国家和地区的经验》，筱荃译，《世界经济与国际关系》1997年第1期。
② 顾国达、任祎卓：《TPP：中美日博弈与中国应对》，《探索》2014年第4期。

中国正在对地区发挥着越来越大的影响力，这一态势越来越不能为美国所接受。自 2008 年全球金融危机之后，美国开始进行战略上的调整，主要的做法是加快同东亚成员进行 TPP 谈判的进程。这是一个没有中国参加的地区市场整合方案。按照目前的 TPP 实际进展，2015 年有可能达成协议，该协议一旦生效，至少从贸易规则或制度上会对中国形成强大的制约，最终使中国逐渐远离美国市场和东亚生产的中心区域。

二　美国对中亚、阿富汗和南亚的扶持与新丝绸之路

鉴于中亚、南亚地区的经济现实和民主化两项硬指标，美国对待中亚、南亚地区采取不同于东亚的做法，对于中亚、南亚地区，美国不仅支持、鼓励，而且从多角度帮助中亚、南亚地区发展自身的内部市场。美国的基本考虑如下。

第一，实现"大中亚"地区的经济整合，符合美国对该地区的利益诉求，这也是美国新的"大中亚"地区战略的核心内容。在美国宣布从阿富汗撤军的计划之后，阿富汗战争便不再是美国中亚政策的主导因素，美国对"大中亚"地区的利益结构也随之发生了变化。[1] 2011 年 7 月起美国开始从阿富汗撤军，美国国务卿希拉里旋即于 2011 年同月在印度钦奈提出了"新丝绸之路"倡议，即以经济建设取代战时状态，[2] 通过经济整合来改变对区内国家——扶助的方式，最终将整个"大中亚"地区拉入全球经济体系中来。美国副国务卿伯恩在一次讲话中提及：一个经

---

① 赵华胜：《后阿富汗战争时期的美国中亚外交展望》，《国际问题研究》2014 年第 2 期。

② 吴兆礼：《美国"新丝绸之路"计划探析》，《现代国际关系》2012 年第 7 期。

济联系更加密切的地区将有助于促进地区的经济发展、和平与安全。① 美国相信一个拥有世界 20% 以上的人口、横跨全球主要贸易路线的南亚和中亚地区能够成为 21 世纪繁荣的主要推动力,一个更加稳定、繁荣的南亚和中亚体现了美国的直接利益。②

随着美国的撤军,阿富汗进入后阿富汗战争时代,美国对阿富汗政策发生了以下变化:阿富汗重建只是美国新的地区战略的一部分,是置于中亚、南亚整体发展的框架之中的。③ 美国在公布 2011 年版的丝绸之路计划时就宣称,阿富汗只能存在于一个安全、稳定和繁荣的地区中,"新丝绸之路"是一种互联互通方式,将给阿富汗带来更大的繁荣、稳定和安全。"即使解决来自安全和政治方面的挑战,我们也同时需要解决经济上的互联互通,将阿富汗和其邻居连接起来。"④ 而且由于阿富汗所处

---

① William J. Burns, "Deputy Secretary of State, Expanding Economic Connectivity in Greater Central Asia," September 23, 2014, http://www.state.gov/s/d/former/burns/remarks/2014/232035.htm.

② Nisha Desai Biswal, Assistant Secretary, Bureau of South and Central Asian Affairs, "The New Silk Road Post-2014: Challenges and Opportunities," January 22, 2015, http://www.state.gov/p/sca/ci/af/remarks/2015/.

③ 斯塔尔提出要把阿富汗的转型拉入"大中亚"地区中。参见 "Interest Silk Road to Success" S. Frederick Starr, *The National Interest*, No. 78 (Winter 2004/05), pp.65 - 72, Published by Center for the National Interest Stable。Nides 也谈到美国对阿富汗的援助是使其融入南亚和中亚经济中,以此实现经济增长。Thomas Nides, Deputy Secretary for Management and Resources, Council on Foreign Relations, Inc., "The Silk Road Through Afghanistan: The Country's Economic Future Lies in Its Region," December 5, 2011, www.state.gov/s/dmr/former/nides/remarks/2011/178431.htm。

④ Lynne M. Tracy, Deputy Assistant Secretary, Bureau of South and Central Asian Affairs, "The United States and the New Silk Road," October 25, 2013, www.state.gov/p/sca/rls/rmks/2013/215906.htm.

的特殊地理位置，美国需要阿富汗的繁荣与稳定不仅仅是对阿富汗自身而言，也是对与阿富汗邻近的中亚和南亚而言。尽管阿富汗重建仍具有重要的现实意义，可是阿富汗一旦进入经济重建工作，也就意味着阿富汗不再是"大中亚"地区的"中心"了。①

对中亚而言，20世纪初的几年，美国在多个中亚国家掀起的"颜色革命"并没有使中亚国家顺利完成向民主国家的转型，相反，美国逐渐认识到中亚国家面临的更多的是如何实现经济的自我增长与繁荣，因而将过去对中亚国家的战略目标从安全、政治和经济次序转变为安全、经济和政治次序，②　即在保障基本安全的前提下，先完成经济转型任务，再逐步推进政治转型和民主建设。

美国官方很乐意表述中亚、南亚市场整合后的情景："土库曼斯坦的气田将能满足巴基斯坦和印度不断增长的能源需求，并为阿富汗和巴基斯坦提供可观的过境收入。塔吉克斯坦的棉花将运往印度制成棉布。阿富汗的家具和水果将出现在阿斯塔纳、孟买甚至更远的地方的市场。"③

第二，充分发挥印度的战略价值。在中国的西面和西南面，能够与中国相抗衡的国家唯有印度。因而，2011年10月美国国务卿希拉里发表文章表明美国重返亚太时，特别强调印度的重要性。在希拉里公开发表的外交政策文章《美国的太平洋世纪》中提出印度在美国推进的六

①　阿富汗对美国仍具有战略价值。
②　杨雷：《美国"新丝绸之路"计划的实施目标及其国际影响》，《新疆社会科学》2012年第5期。
③　Clinton, "Speech about the Silk Road Strategy at the United Nations," September 22, 2011.

大领域行动①中的每一个领域都将发挥关键角色。② 在新丝绸之路倡议中，我们看到的美国丝绸之路计划更加强调中亚对南亚特别是印度的资源支持，而印度则将带动整个地区的发展。在新丝绸之路倡议中，美国认为真正能够带动整个地区经济发展又能够反映美国地区战略意志的是印度，印度有实力带动中亚、南亚国家及阿富汗等国家的经济增长，最终实现中亚、阿富汗和南亚的共同发展。自 2012 年初起，美国频繁派出高官出访印度，推动印度参与新丝绸之路计划，鼓励其承担更多的阿富汗战后重建责任。同时，新丝绸之路倡议更强调复兴中亚通往印度的丝绸之路，③ 如《阿富汗—巴基斯坦过境贸易协定》（APTTA），阿富汗、巴基斯坦通往印度的天然气管道（TAPI）以及"中南亚输电项目"（CA-SA－1000）主要是为了向印度提供资源。

当然，印度也具备一些主导地区整合的条件。印度经济实力的逐步扩大为印度成为地区经济增长的领头人提供了前提。近些年印度的经济增长使其已经成为仅次于中国的大规模经济体，与此同时，印度在加快国内经济体制改革与开放的步伐，以释放内部的经济增长潜力。从美国的官方说法来看，④印度不久将成为世界上人口最多的国家和最大的民主国家，2025 年印度

---

① 即加强双边安全同盟体系、深化与新兴大国的关系、与全球多边机构合作、扩大贸易和投资、巩固在外部的军事存在、推进民主和人权。

② Geoffrey Pyatt, Principal Deputy Assistant Secretary, Bureau of South and Central Asian Affairs, "Next Steps on the Silk Road," November 15, 2011, http：//www. state. gov/p/sca/rls/rmks/2011/177179. htm.

③ 高飞：《中国的"西进"战略与中美俄中亚博弈》，《外交评论》2013 年第 5 期。

④ Geoffrey Pyatt, Principal Deputy Assistant Secretary, Bureau of South and Central Asian Affairs, "Next Steps on the Silk Road," November 15, 2011, http：//www. state. gov/p/sca/rls/rmks/2011/177179. htm.

将成为世界第三大经济体，中产阶级将达到 5.5 亿人口，南亚可以为中亚提供能源、原材料或者其他商品和服务市场。

第三，美国经济实力的相对下降使得其向外部提供市场的能力越来越有限。美国市场是美国主导东亚地区的经济基础，美国不可能为了发展其他落后地区，而将东亚地区替代掉，因而美国能够向中亚、南亚国家提供的市场日趋有限。图 4-1 显示，2000~2013 年间，美国从东亚进口的规模占美国总体进口的比重一直保持在 35% 左右，特别是 2008 年之后，美国从中国和东亚其他国家的进口占美国全部进口的比重趋于稳定，而从南亚进口所占比重略微呈上升趋势，目前也只有 5% 的比例。从东亚国家角度来看，尚未发展的部分国家仍需要美国市场，在美国市场上仍具有较强的竞争力，其他落后地区要想取代东亚国家在美国市场中的地位相对困难。从中亚、南亚的角度看，中亚国家多数是资源型国家，劳动力资源相对不是很丰富，这类国家在美国市场上不具有竞争优势，首先是美国的中低端产品基本上被东亚国家所占领，同时美国并不十分需

图 4-1 美国从各地区进口占从世界进口的比重

资料来源：联合国贸易数据库。

要中亚的资源。

目前美国能够提供给南亚国家的市场是很有限的，因而美国对待中亚、南亚地区的经济发展不得不更换思路，即充分利用中亚、南亚国家的自身优势，依靠它们自身的市场来发展。美国对它们提供的市场在南亚、中亚经济增长中是起辅助性作用的。南亚国家多数是劳动密集型国家，尤其是印度、孟加拉国和巴基斯坦是南亚的人口大国，三国人口合计堪与东亚相比，如果国内经济发展的条件适宜，它们在美国市场上是可以比拼东亚的。因此，目前美国对南亚、中亚和阿富汗的经济支持更多的是体现在如何与国际规则接轨、如何打通内部市场方面（见表1－1），这也与当初对待东亚地区市场整合的态度有明显不同。

三　美国新丝绸之路倡议对中国构成的潜在挑战

尽管目前中亚、南亚地区对中国尚不能构成类似 TPP 所带来的现实压力，但是从中长期趋势来看，美国在扶助该地区的同时，对中国进行战略遏制的方向并没有改变。一旦新丝绸之路倡议与 TPP 所形成的包围圈合拢，这将极大地限制中国对外发展的空间。因而加大对中亚、南亚地区的合作力度，可以缓解美国对中国构成的潜在挑战。

第一，从长期看，美国新丝绸之路将从中国的西面和西南面对中国的战略空间进行挤压。如果说美国筹建 TPP 是从制度规则方面对中国形成一种战略威胁的话，新丝绸之路则从另一个地理空间配合美国重返亚太的战略，对中国形成地区包围态势。目前美国采用的是多边方式和经济手段试图整合南亚、中亚，一旦这一区域形成，将使中国不得不应对一个经济实力较为强大的区域，从而抑制中国在中亚、南亚地区的战略优势。

第二，在未来一定时期内，印度与中国的战略竞争多于与中国的合作，这是中国未来面临的另一个极大的考验。从可以获得的经济发展条件来看，美国给予印度的要多于中国，这可以从印美贸易和印中贸易，特别是贸易结构上略见一斑。由于印度与中国在地理空间上是近邻，对战略空间的争夺首先表现在对地理空间的争夺上，且印度在未来较长的时期内都将处于经济增长时期，因经济增长而产生的大国间竞争将成为双方非合作性发展的总体趋势。在这种背景下，中国西面面临的不仅仅是美国的压力和印度的挑战，更重要的是美印合作带来的竞争压力。

第三，"大南亚"地区的形成将削弱中国对该地区的影响力。整合后的"大南亚"地区将形成具有可自我循环的经济发展空间，与中国合作的空间和机会将有可能减少。

不过，美国丝绸之路倡议的实现前景也并不清晰，能否构成对中国的现实威胁或在多大程度上构成对中国的现实威胁还有较长的道路要走。

第一，印度作为地区大国的独立意识将使美国新丝绸之路战略的实现有所折扣。尽管美国助力印度的经济发展和地区整合，但是印度不一定会成为美国的代言人，印度毕竟是一个有着"独立"意识的地区大国，奉行独立的对外政策是其核心利益所在，谋求自身的战略空间也是印度的想法与作为，这对中国而言也是一种机会。

第二，中亚和南亚国家的态度也在发生改变。如今中亚、南亚国家为推动自身的经济发展，是不会拒绝来自其他任何国家的支持的，这也不是地缘政治在今天就能够完全解决的现实问题。目前中国与中亚、南亚国家在双边层面上开展的合作进程足以说明一个地区难以完全按照大国的战略意志或思路去发展，而是大国需要考虑地区本身的利益诉求，同时也要做到有所互动。

第三，俄罗斯是否会主动"让出"中亚也为美国能否通过多边形成一个整合地区带来未知数。传统上中亚地区是俄罗斯的势力范围，同时中亚与俄罗斯保留有较密切的贸易关系。今天"大中亚"地区发展要解决的突出问题是经济增长和地区稳定问题，而俄罗斯天然缺乏对该地区经济增长的支持能力，[1] 不过乌克兰危机和欧亚联盟的建设表明俄罗斯正在修正自身对中亚地区的政策调整，上述做法尽管不是向传统的苏联模式的回归，[2] 但是会引起大国在地区中的新一轮较量。

---

[1]　2011 年俄罗斯筹建的欧亚联盟虽然也有巩固俄罗斯与中亚国家之间经济关系的有利条件，有利于俄罗斯继续维持与中亚国家的经济关系，不过也有研究指出，欧亚联盟的弱点是俄罗斯经济能力不足，对中亚经济发展支持有限，同时将联盟锁定在政治上也使得部分中亚国家对其采取谨慎态度。赵华胜：《浅评中俄美三大战略在中亚的共处》，《国际观察》2014 年第 1 期。

[2]　庞大鹏：《俄罗斯的欧亚战略——兼论对中俄关系的影响》，《教学与研究》2014 年第 6 期。

第五章
对中国丝绸之路倡议实施的几点思考

目前中国丝绸之路倡议已经进入到务实合作阶段，相关的项目设计也已经完成。① 不过，在"一带一路"的推进过程中，仍会面临一些挑战性的难题需要攻克，包括"一带一路"与他国丝绸之路计划的对接、大国关系的处理、中国自身调整问题，等等。中国的应对思路应当不同以往，过去限于经济实力，中国很难对一些重大的或显见的地区挑战进行早期筹划，今天，随着经济实力的提升，中国可以采取更为积极的措施，旨在加强双边和范围较小的多边合作的做法，以提早进行布局。

① 外交部长王毅评说道，一年来，"一带一路"已从理念设计、总体框架到完成战略规划，开始进入务实合作阶段。我们将与沿线各国一道，着力打造中国—中亚—西亚、新亚欧大陆桥、中蒙俄三大经济走廊，拓展推进海上丝绸之路新航程，重点加强基础设施互联互通、能源、金融、民生等领域互利合作。参见《复兴丝绸之路　共建和谐周边——外交部长王毅谈习近平主席出席上海合作组织杜尚别峰会并访问塔吉克斯坦、马尔代夫、斯里兰卡、印度》，外交部网站，2014 年 9 月 20 日。

今后中国丝绸之路计划的实施可考虑如下几个方面。

一是针对南亚、阿富汗和中亚国家，可考虑制定"五通"合作框架。过去我们同周边国家签署的合作框架基本上是单一性、制度性的，如中国—东盟自由贸易区，等等。而日本建立的是全面的经济合作框架，如日本—东盟签署的全面经济伙伴关系协议（EPA）。目前中国也已经具备一定的基础和实力，① 可以与南亚、中亚、阿富汗签署类似协议，建立"五通"合作框架。近期中国已经搭建了同哈萨克斯坦、巴基斯坦等国的合作深化框架。② 未来可考虑将类似的合作框架经过调整后适用于其他国家。

二是进一步细化针对"一带一路"对象国的设计工作，确立"一国一模式"，以尽可能少的投入获得尽可能大的成效。美国、日本在处理南亚、中亚地区问题时都有过政策差别化做得不足、不细的教训。例如，美国曾将中亚五国视为同类型国家，但是后来发现中亚五国存在较大差异，故而采取分而治之的策略。③ 中国在实施丝绸之路计划时也需要进一步明确每一个周边国家的利益诉求。另外，与美国相比，中国在中亚、南亚地区所做的制度性安排还不够，从签署的双边条约来看即是如此（见表5-1）。

三是加强与印度、阿富汗的双边合作，进一步拓展中国同印度的合作层次。目前印度对中国"一带一路"的倡议保持较高的谨慎和警惕，这将

---

① 中国已经同中亚五国、阿富汗、斯里兰卡、巴基斯坦建立全面战略伙伴关系。

② 根据中哈总理第二次定期会晤联合公报，中国同哈萨克斯坦达成了涉及几乎所有领域的合作意向，参见外交部网站，2014年12月15日。

③ 张宁：《"丝绸之路经济带"构想的背景、潜在挑战和未来走势》（特约要文之一），《欧亚经济》2014年第4期。

表 5 - 1　中国与中亚、南亚国家签署的双边条约或合作协议

国家	2010 年	2011 年	2012 年	2013 年	2014 年
阿富汗			中阿落实战略合作伙伴关系联合宣言的行动计划	深化战略合作伙伴关系的联合声明	
				经济技术合作协定	
巴基斯坦				关于开展中巴经济走廊远景规划合作的谅解备忘录	
				边境口岸及其管理制度的协定	
哈萨克斯坦	利用核能合作协定	跨界河流水质保护协定	中哈边境口岸及其管理制度的协定	短期劳务协定	产能合作共识
		全面战略伙伴关系联合声明		和平研究与利用外层空间的合作协定	第二次定期会晤联合公报
				进一步深化全面战略伙伴关系的联合宣言	2015 年双边贸易提升至 400 亿美元
吉尔吉斯斯坦				建立战略伙伴关系的联合宣言	两国未来 10 年合作规划
尼泊尔			边境口岸及其管理制度的协定		
			边民过界放牧的协定		
			文化合作协定		
			加强合作的谅解备忘录		

续表

国家	2010 年	2011 年	2012 年	2013 年	2014 年
马尔代夫					建立中马全面友好合作伙伴关系
斯里兰卡			设立中国文化中心的谅解备忘录		深化战略合作伙伴关系的行动计划
塔吉克斯坦	加强新疆维吾尔自治区与塔吉克斯坦合作的协议 中塔国界线的勘界议定书	边境口岸及管理制度协定		建立战略伙伴关系的联合宣言	进一步发展和深化战略伙伴关系联合宣言和未来5年发展规划
土库曼斯坦		经济贸易合作协定 若干经济领域合作规划		建立战略伙伴关系的联合宣言	
乌兹别克斯坦	天然气领域合作备忘录	投资保护的协定	动物卫生领域的合作协定 植物保护和检疫的合作协定	进一步发展和深化战略伙伴关系的联合宣言 友好合作条约 旅游合作协定	战略伙伴关系发展规划（2014~2018年） 联合宣言
印度			建立中印边境事务磋商和协调工作机制	边防合作协议	

资料来源：中国外交部网站。

对我国的"一带一路"倡议的推进产生较大的阻力，甚至影响印度周边国家对我国的看法和判断，特别是因为有东盟在中国与东盟合作中处于不利地位的前车之鉴，一些周边国家对与我国合作的疑虑重于对所得的期待。鉴于目前我国对印度的投资规模较小，同时与印度的贸易，特别是从印度进口的力度还有待加大，我国对印度存在的贸易顺差已成为中印合作的主要障碍，今后可以从印度的贸易优势领域出发来拓展和深化同印度的经贸关系。印度在服务贸易领域具有竞争优势，可优先考虑拓展同印度的服务贸易合作，同时加快对印度投资的双边磋商工作，减少中国对印度投资的障碍。

另外，重视阿富汗在丝绸之路倡议建设过程中的作用。中国官方已经明确表达了对阿富汗纳入地区发展的支持。[①] 按照 2014 年 10 月 31 日在北京发表的《阿富汗问题伊斯坦布尔进程北京宣言　深化地区合作：促进阿富汗及地区持久安全与繁荣》确定的伊斯坦布尔进程 64 个优先合作项目，中国可考虑承担部分项目，尤其是软件和人文交流方面的，为中国和阿富汗未来双边合作创造条件。

四是加强与大国在南亚、阿富汗和中亚地区的合作。鉴于"新丝绸之路战略"和"丝绸之路经济带"倡议内容的部分重合，有研究认为中美两国存在一定的合作空间。[②] 如果从官方发出的信号来看，中美均愿意加强丝绸之路倡议的推进工作。在对待彼此的丝绸之路倡议的态度上，中美两国均表现出倾向于合作而非对立的立场。美国官员表示，不论是新丝绸之路还是丝绸之路经济带，希望共同努力恢复"大中亚"地区作为全球商业、思想和文化重要枢纽的历史地位；[③] 中亚和南亚新的南北贸易路线

[①]　王毅：《解决阿富汗问题需要加强四个方面支持》，外交部网站，2015 年 2 月 12 日。

[②]　赵华胜：《中美在"新丝绸之路"上有一定合作可能和空间》，《东方早报》2014 年 5 月 6 日第 005 版。

[③]　William J. Burns, Deputy Secretary of State, "Expanding Economic Connectivity in Greater Central Asia," September 23, 2014, http：//www. state. gov/s/d/former/burns/remarks/2014/232035. htm.

将补充东亚和欧洲的东西方路线;① 欢迎中国参与美国的丝绸之路倡议的建设工作,包括中国参与地区的能源和交通项目,② 鼓励中国促进中亚经济发展。③

不过现有的迹象表明,出于地区战略利益的考虑,美国虽然欢迎中国参与新丝绸之路建设,却不会参与中国的"一带一路"建设,中美合作也仅限于项目合作,美国只是把中国看作项目资金的来源之一或参加者,不可能有超过项目之上的更高层次的合作。④ 考虑到中国在促进美国南北走向的新丝绸之路上所获得的利益的不明确性,可在美国要搭建的南北走向的节点国家,做东西走向的双边的特殊性安排。

另外,与俄罗斯的合作也需要进行深度考虑。一些研究表明俄罗斯是本地区具有影响力的大国,没有地区内国家的共同推动,丝绸之路经济带的建设将十分困难,因而可考虑加强与俄罗斯在互联互通、电力、农业、金融等领域的合作。⑤

---

① Fatema Z. Sumar, Deputy Assistant Secretary, Bureau of South and Central Asian Affairs, "Prospects for Regional Integration in Central Asia," October 28, 2014, http://www.state.gov/p/sca/rls/rmks/2014/233577.htm.

② Lynne M. Tracy, Deputy Assistant Secretary, Bureau of South and Central Asian Affairs, "The United States and the New Silk Road," October 25, 2013, http://www.state.gov/p/sca/rls/rmks/2013/215906.htm.

③ Nisha Desai Biswal, Assistant Secretary, Bureau of South and Central Asian Affairs, "The New Silk Road Post – 2014: Challenges and Opportunities," January 22, 2015, http://www.state.gov/p/sca/ci/af/remarks/2015/.

④ 赵华胜认为虽然存在中美在西部地区合作的机会和可能,但也难以达到深度合作和战略互信的高度。参见赵华胜《"丝绸之路经济带"的关注点及切入点》,《新疆师范大学学报》(哲学社会科学版) 2014 年第 3 期。

⑤ 李建民:《"丝绸之路经济带"构想的背景、潜在挑战和未来走势》(特约要文之一),《欧亚经济》2014 年第 4 期。庞大鹏:《俄罗斯的欧亚战略——兼论对中俄关系的影响》,《教学与研究》2014 年第 6 期。

五是逐步扩大对该地区的进口。无论怎样，一个缺乏对地区产品进口能力的大国是不可能在地区范围内建立并夯实对外战略基础的。美国能够长期主导某个地区的战略走向，无疑与美国较强的进口能力是分不开的。不过，进口规模的扩大不单单是一国经济实力提升的结果，也是本国货币走向世界的结果。可考虑在有人民币互换的中亚、阿富汗和南亚国家放开人民币可兑换的条件，使得人民币走出去和产品走进来同步实现。

图书在版编目（CIP）数据

中美丝绸之路战略比较研究:兼议美国新丝绸之路战略对中国的特殊
意义／赵江林著.—北京:社会科学文献出版社，2015.5（2015.8重印）
　（中国社会科学院"一带一路"研究系列·智库报告）
　ISBN 978 - 7 - 5097 - 7342 - 0

　Ⅰ.①中…　Ⅱ.①赵…　Ⅲ.①对外贸易 - 贸易战略 - 对比研究 -
中国、美国　Ⅳ.①F752 F757.12

　中国版本图书馆 CIP 数据核字（2015）第 069788 号

中国社会科学院"一带一路"研究系列·智库报告
中美丝绸之路战略比较研究
——兼议美国新丝绸之路战略对中国的特殊意义

著　　者／赵江林

出 版 人／谢寿光
项目统筹／祝得彬
责任编辑／王晓卿

出　　版／社会科学文献出版社·全球与地区问题出版中心（010）59367004
　　　　　　地址：北京市北三环中路甲 29 号院华龙大厦　邮编：100029
　　　　　　网址：www. ssap. com. cn
发　　行／市场营销中心（010）59367081　59367090
　　　　　　读者服务中心（010）59367028
印　　装／三河市东方印刷有限公司

规　　格／开 本：787mm×1092mm　1/16
　　　　　　印 张：3.25　字 数：39 千字
版　　次／2015 年 5 月第 1 版　2015 年 8 月第 2 次印刷
书　　号／ISBN 978 - 7 - 5097 - 7342 - 0
定　　价／89.00 元

作者简介

赵江林，经济学博士，中国社会科学院亚太与全球战略研究院国际经济关系研究室主任、研究员。曾去日本、美国研究机构或大学做访问学者。著有《东亚技术供给、知识产权保护与经济增长》《东亚经济增长模式：转型与前景》《后危机时代亚洲经济增长与战略调整》等。